양 채 영 선생님께

저자 근정

잠자는 아내의 곁에서

진수용 시집

지성 · 감성의 메타언어
조선문학시인선 · 300

잠자는 아내의 곁에서

진 수 용 시집

조선문학사

▌책머리에

시집을 내면서

늦깎이로 문단에 입문하여 미흡한 글이지만 시집을 엮어 놓게 되어 보람과 행복을 느낍니다.

살아오면서 보고 듣고 느낀 것을 시상으로 엮었으나 곱게 다듬어졌는지, 시의 맵시가 어떨지, 졸작을 출가시키려니 두려울 뿐입니다.

그간 많은 사랑을 아끼지 않고 격려를 주신 많은 분께 고개 숙여 감사드리며 늘 지도해주신 박진환 교수님께 진심으로 깊은 감사의 말씀을 전합니다.

그리고 『조선문학』 스텝 여러분께도 감사드립니다.

더욱 정진하여 사람 냄새 가득한 시를 쓰겠다고 새삼 다짐하며 언제나 사랑으로 감싸주고 격려해준 아내와 멋진 두 아들과 두 며느리에게 이 시집을 선물합니다.

가을의 길목에서

陳壽鏞 拜上

진 수 용 시집

잠자는 아내 곁에서

차례

제2부

그땐 미안했습니다

제3부
꽃잎 속의 얼굴

시집 평설

제1부

영혼의 음악

내게로 가는 길

가면 갈수록
태산이라더니
오르면 오를수록 가파르다

힘겨운 무게 덜어내는
흩어져 쌓이는 꿈 조각들
켜켜이 쌓이면 탑이 될까
탑이 되어 소망하나 이루어 줄까

이제 욕망의 사다리 접어
비켜 세우고
길벗 동행으로 황혼길 걷고 싶다

황혼길 걸으며
누렇게 익어가는 내게로 가고 싶다
영근 열매들 따보고 싶다

그때쯤에는

그때가
언제쯤인지
언제가
그때쯤인지
생각해보거나
계산해 본적이 없다

단지 훗날일 것이란 것 외엔
그때쯤이
언제쯤일지 알 수 없다

언제쯤에선가
돌아보는 일 있으면
그게 바로 그때쯤이었음을
그때쯤이
되돌아 볼 때쯤이 없음을

비로소 그때
알리라

타임머신

늙어
병들면 그만이니
세풍에 몸을 싣고 나서보자

형형색색으로
갈무리 되는 아름다운 사연의
두고두고
가슴속에 박제 되는 얼굴들

먼 훗날
타임머신 타고
눈물 글썽이는 감격에
이 시간을 다시 젖어 보겠지

그 때에도
갈무리 된 전설 속 얼굴들
그 모습 그대로 웃고 있겠지

내가 최고야

수산시장 어귀
수족관 안에서 몸짓으로
수화하는 두 물고기

늠름하게
유영하는 가물치
보혈에는 자기가 최고란다

빤질이 미꾸라지
보양에는 내가 최고라며
머리 흔들어 게릴라전을 편다

꿈꾸는 대선 주자들
과연
나는 봉황새를 누가 잡을까요?

처음처럼

이젠 돌아가려 한다
늘 그랬던 혼탁한 길이었는데
아무것도 아닌 것처럼
끝이 아닌 처음의 마음으로

버려진 화분 속에
이름 없이 피었다 진 풀꽃처럼
곯진 상처 쓰려 와도
무지의 시간 속을 가련다

이제야 알 것 같다
아름답던 꿈도
그저 깃털처럼 가벼운 존재로
훨훨 맴돌고 말았다는 것을

아무렴 어떠랴
소년의 순박한 모습으로
난 돌아 가련다
끝이 아닌 초심으로

지금 내 모습은

나이 들면서
문득 문득
그리워지는 날이 있다

이유는 몰라
그냥 그냥
사람 냄새 그리울 때가 있다

보이는 것은
모두
신선한 노년의 향기다

내 향기는
어느 허공을 맴돌고 있을까
다시 찾을 수 있을까

간절히 바라기에

인지상정이라
피할 수 없는 것이
회자정리라 하였던가

옷깃 스쳐
맺은 인연
오늘을 이어주었지

희망이고 기쁨이었던
짧은 인연
비록 지워지겠지만

그대 이름만은
내 가슴에 아껴둔 앨범처럼
조금씩 꺼내 그리움 달래리라

희망은 금빛 날개

한평생
세월 앞에 희망을 갖고
허리띠 질끈 졸라맸던

마늘각시였던 당신
어느새 머리엔 늦서리 얹혀 있고
곱던 손도 거북등 되었구려

마뜩찮다 하면서도
팔자려니 하고 입술 꽉 깨물고
기도하던 속마음 어찌 모르리까

애오라지
분신들 둥지 엮어 주었으니
남은 인생 즐겁게 살아갑시다

어둠의 동경(憧憬)

산언저리를
껴안은 붉은 노을이
어둠에 밀려가면 그대가 오실까

달빛으로
세상을 비추이면 그대 오실까

으스스
몰려오는 찬바람에
떨고 있는 내 마음

먼 길
돌아오시는 그대
지친 발걸음 몸살 날까 걱정이다

국어 시험장

좋은 낱말쓰기
희망
사랑
행복을 주는 에너지다

어려운 낱말쓰기
기다림
보고픔
스트레스 쌓이고 힘들다

모르는 낱말쓰기
포기
후회
아직 배우지 않아서 몰라

춤사위

반짝이는
불빛 사이로
무곡(舞曲)과 함께
빙글빙글 돌아가는
아름다운 춤사위

세상에
인간사가 모두 다
부질없고
덧없이 왔다가 떠나가는
잊어진 계절이다

삼삼오오
휴게실에 모여 앉아
한 순배 돌아가니 하하 호호
펼쳐지는 웃음
신이 주신 지상 천국이다

내 가고 싶은 곳

햇살 고운 날이면
따뜻한 햇살 따라
그림자 등지고 나들이하고 싶다

바람결에 떠맡긴 나들이길
발걸음 멈춰선 곳에
내 소식 묻어두고 돌아오고 싶다

네가 보고 싶은 날
내 추억 남아 있는 곳 찾아
아픈 마음 달래려 혼자 가고 싶다

시간의 소리

강의가 있는
목요일 아침은 언제나
맘을 설레게 한다

설레임 동행으로
청 보랏빛
하늘 이고 내딛는 행보
신발 뒤꿈치 걸음발 소리 경쾌하다

귀동냥 한 대로
모두 담아 오리라

달리는 소음 속에서도
다짐은 흔들림 없는
꼿꼿한 줏대로 서서
안테나가 되고
안테나에 걸려오는
송신소리 한 자락 움켜쥐면
손아귀 속엔
아침 햇살 같은 행복이 있습니다

여기까지인가

여보게
친구
주어진 우리 인연은 여기까지인가

가야만 한다면
그렇게 가야만 한다면
언제나 막걸리 같은 그 미소
모두 두고 가시게나

가슴을 너무 아프게 하니깐

떠난 자네
미련의 보따린 전부 두고 가시게
우정의 보따리는 놓고 가시게나

닦고 닦아도
멈추지 않을 것 같은 눈물

멀리 간 자네
명복을 빌겠네

시(詩)때문에

당신 때문에
나는
항상 힘이 듭니다

어디에 있는지
궁금해서도 그렇고
못 만나서도 그렇고

행여나
아픈 데는 없을까
두려워서 나도 아픕니다

이래저래 난
당신 생각에 이렇게
힘들고 아픈 하루를 보냅니다

아프면 안 돼

당신과
마주 잡은 손길이
벌써 귀밑머리 허옇게 되었으니
이럴 줄을 어찌 알았겠소

당신 있음에
울고 웃는 우리 인생사는
언제나 자리에 누워 마주보는
미소만큼 껴안는 행복이지요

우리의 삶은
모두가 한 조각의 꿈
영원히 살 것같이 말하지만
뒷모습도 보지 못 할 마음뿐이지요

아프지 마오
당신 아프면 안 돼

새로운 인생길 · 1

— 둘째 아들 결혼식을 마치고

길을 나설 때는
정확한 지도가 있어야
떠날 수 있는 것은 아니다

나는 이제부터
시부(媤父)란 약도 하나 가지고
새로운 인생길 찾아 나선다

길을 모르면 묻고
잃으면 헤매면 그만이다
인생에 완벽한 지도는 없다

중요한 것은
행복을 찾아서
한 발짝 한 발짝씩
끝까지 걸어가는 것이다

그래야
이 길로 이어진 약도에
다음 길이 보일 테니까

새로운 인생길 · 2

— 첫째 아들 결혼식을 마치고

흐르는 땀을
훔치며 마지막 봉(峰)을 올라
내려다본 시야에는
걸어온 길이 얼키설키 얽혀 있다

깃털 같이
가벼워진 나의 무게를
시부(媤父) 지도 위에 내려놓고
땀에 절여진 주름을 닦는다

황혼 빛을 바라보며
반사 되어
보이지 않는 석양 길에
삶의 방향을 다시 조율해 본다

두 아들
세간살이 마무리 됐으니
내 머물 곳 어딘지 몰라도

새로운 노년의 길을 찾을 것이다

비록
출발점으로 되돌아갈지라도

마음은 한개

당신을 보면
모든 잡념 사라지고
가슴 가득한 행복을 느낍니다

엄마 품 그리워하다
지친 아이처럼

당신을 바라보면
새봄의 희망이 솟듯
사라진 미소가 돌아옵니다

느껴 오는 감정은
수천수만이지만
마음은 오직 하나
당신에게 등 기대고 싶은……

슬프지 않으리

널 그리워하다 지쳐갈 때
웃는 네 모습 그릴 수 있어 좋다

널 생각하고
기다리는 날은
모든 일에 감사해져서 너무 좋다

연락 있는 날도
연락 없는 날도
널 생각 할 수 있는 시간이 참 좋다

지난 추억들이
고구마 줄기처럼 엮여져 나오는 날이
난, "행복해" 라고 거울을 보며
큰 소리로 웃어 보는 날이다

그날도 난 슬프지 않으리

어줍은 인생

고달픈 삶이
어쩌면 지루하겠지만
남은 인생 즐겁게 살아야지

마음 아프고
답답하고 속 쓰린 날도
많이 있겠지만

가슴 안의 당신
핸드폰 속의 당신
친구이며 오누이처럼

행복하고 즐겁게 살자
어줍은 남은 인생
얼마나 사랑 할 수 있겠는가

어버이날

내 가슴 안
벽에
걸려 있는
액자 속
어버이 사진은

살아 있는
영혼이고
그지없는
내 눈물이며
한 시대로 살아 있는
내 역사다

미행자들 때문에

숨이 막힌다
온통
감시당하는 기분에
머리카락이 쭈뼛거린다

낮과 밤을
가리지 않는 그림자
심지어 비오는 날 빗방울까지
소리 없이 따라 다닌다

웹사이트에서는
큐피트의 화살을 가장한 쪽지가
거머리처럼 따라 붙고

올빼미 눈
몰래 카메라
치솟는 공과금 고지서도
한 몫 하려고 따라 붙는다

이 어지러운 세상
무섭고 놀라워
정말
어디론가 잠수하고 싶다

속아 사는 맛

모두들
행복을 찾으려고
온 세상을 헤매고 있을 때
복권 하나 구입 해야겠다

어제 밤 꿈에
돼지 분뇨에 빠진 꿈을 꾸었으니

인생은 잠시
피었다 지는 꽃으로 피우는 꿈
최고의 불로소득세 내보는 그런
꿈이라도 한번 꿔봤으면 싶다

지금 마음은
소담스런 사과의 무게로
축 처져 늘어진 사과나무와 같으니

비록

꿈속의 행복이라 할지라도
꿈에 속아 사는 것이
또한 인생의 맛 아니던가

잠자는 아내 곁에서

푸르른 꿈
해맑은 웃음 안고
사색하던 시절 다 보내고
지쳐 눈붙인 당신을 봅니다

눈가에
지울 수 없는 주름살
굽은 허리 안쓰러워
눈물을 훔칩니다

겹겹으로
찌들고 힘들었던 날
이제는
뒤돌아 봐도 될 때가 되었습니다

한 백년 살자고
꽃구름 되어 본들
여보! 미안해요

날 위해 울고 웃어 줄 당신

항상 포근한
솜털구름 같은
당신의 가슴을
내 온 몸으로 껴안고 싶습니다

영혼의 음악

얼굴에 피어난
검버섯꽃이
메아리로 감아쥐듯
세월의 주름을 놓아주지 않는다

꽃을 먹으면
마음속에도 꽃이 핀다던데
검버섯꽃도 그러할까

요즘 종종 가져보는 생각

세월은
또 다른 나를 만들어
복잡한 세상에 내려놓고
무심히 떠나는 것은 아닐까

마음에 찍힌 의문부를
음표(音表)로 바꿔본다
영혼의 음악으로
삶의 의미를 되감아 본다

낯선 얼굴

거울 속에 있는
내 얼굴은

새로운 고통에 시달리고 있구나

갈수록 어두워지는 머릿속
함박꽃처럼
피어나는 웃음으로나 달래보자

해바라기처럼
보름달처럼 웃고 웃으며
붉게 물들여 사랑을 칠하면
어떤 얼굴이 될까

심장의 불길이
벌써 훨훨 타오르는 휘발성
사랑이란 말만으로도 밝아지는구나

그대에 붙들려

기억이
기억으로만 남을 수 있다면
내 가슴 속에 채워진
추억까지 버릴 수 없으련만

잊혀짐으로
그댈 잊을 수 있다면
이렇게 그대 창가에서
서성이는 일은 없으련만

어떤 그리움이
날
여기까지 이끌고 왔는지
널
이렇게 그립게만 만드는지

잊혀짐으로
그댈 잊을 수 있다면

나

이 밤이 가지 않기만을

기원 할 겁니다

빼앗긴 내 마음

비탈길
산자락 끝을 끼고 도는
오솔길을 보고 문득
고향 생각을 해본다

벌판에는
마을의 어둠이라도 지키려는 듯
등대 같은 늙은 오리나무가
떡 버티고 서 있다

한차례
소나기 지나간 자리에
피어오르는 물안개가
산자락에 빛깔 없는 무지개로 걸쳐 있다

마음으로 키워 살찐 사향(思鄕)의
바람에 안기어
고향 동구 밖
오리나무가 되어 서 본다

사랑의 지병

노을빛에
억새꽃 반짝이며
물결 따라 떠도는 내 마음에

순간순간
은은히 빛나는 은빛 파도로
나를 긴장케 하고는

다시 온화함으로
다가오는 그대의 마음은
정말 무엇인가

떠오르는 그대 모습은
연모의 질긴 뿌리 같은
나의 그리움인가

나그네 세상

가슴을 내 보여도
냉정한 세상

마음을 다 주어도
허무한 세상

달콤한 귀치레에
속고 속는 세상

모두 함께
끌려가고 밀려오는 세상
나,
지금 어디로 가는 걸까

사랑 죄

죄인이란
일을 낸 사람을 말한다면
둘이서 붉게
사랑을 해도 죄가 되겠지

기쁨과 그리움으로
물들여 놓는
사랑을 했다면
이름표를 사랑 죄로 달자

사랑해서
영원한 공범자로 남겨지고

세상에서 제일 좋은
아름다운 죄인으로
살아가고 싶다

내가 본 세상

내가 본 세상은
녹색(綠色)과 적색(赤色)
또 어두운 흑색(黑色)이다

녹(綠)은 태어남이고
적(赤)은 만나서 사랑함이며
흑(黑)은 이별하는 사람들이다

태어남은
온 세상의 기쁨이고
사랑을 하면
온 세상이 행복하고
헤어진다면
온 세상이 슬픔뿐이다

나는
장미꽃 같은 적색에서
남은 세상도
행복을 꿈꾸며 살고 싶다

명복

노을빛
태양에
메말라 떨어진 낙엽

절절한
마음의 허상
붉게 물들여 가슴에
묻어두고

옷 벗은 육신
무거운 짐 놓고 가소서
훨 훨 훨 훨

에덴으로
가는 길
불 밝혀 드리리

자화상

지금
내 청춘의 초상(肖像)이
나를 보고 질문을 한다
살아온 과거는 어떠했냐고

무엇을 하였고
무엇을 이뤘으며
어떻게 살아 왔느냐고

잠시 뒤돌아보니
가슴서린 사연과 번민뿐이고
다시 걷고 싶지 않은 길도 있다

그러나
그 길을 성실히 걸었고
값진 것도 실패도 과오도 많았다
허지만 후회하지 않는다

인생 거울

밭머리에 걸터앉아
하루의 길이를 재어본다

적셔진 밭이랑에
가을에 거둬들일 씨 뿌리는
등 굽은 한 노인을 바라본다

노인의 그림자가
한골 한골 밭이랑을 덮어가는
황혼녘

노인이 뿌려 거둘
가을의 부피는 얼마나 되고

노인이 가꾼 하루치의 행복은
얼마나 될까

행복한 자리

비오는 날
유리창에 다가가
창밖을 응시한다

젖은 얼굴 하나가
마른 웃음으로 다가온다

유리창 밖으론
우수의 울타리가 처지고
나는 우수에 갇혀
영어(囹圄)의 몸이 된다

아마도 그의
포로였던 모양이다

마음 바구니

봄나들이 약속
풍선 같은 부푼 마음으로
길을 나섰는데
취소된다는 문자통신(文字通信)에

짊어진 배낭과
지팡이를 총으로 대신하고
제식훈련(制式訓練)의 구령에 따라
"뒤로 돌앗 !"
"앞으로 갓 !"

근린공원 쪽으로
행군을 하다 보니
오월의 철쭉이 한창이다

가슴 속에
각인된 철쭉의 꽃말
주워 담은 마음바구니
쏟아질까 두렵다

나! 그때쯤이 되면

키를 덮을듯
흐드러진 코스모스의
군락지 속으로 여행을 간다

그 속에 있노라면
내 입술에 닿을듯 느껴지는
만추의 계절
언제 부턴가
그립고 허전함에
울고 있는 해바라기가 된다

이 계절 지나 봄이 오고
휴식의 계절 여름이 지나
다시 풍성한 가을이 온다면
웃을 수 있는 내가 되고 싶다

노년기의 동심

맑고 푸르던
하늘이
붉은 노을로 물들어 가고

주먹 불끈 쥐고
힘차게 피어나던 젊음이
이젠
월계수 머리를 하고 있다

햇빛이
달빛으로 변하더라도
립스틱 짙게 바른 촉수는
소원이지만

노심(老心)에는
은근 슬쩍 웃음으로
흠뻑 취했으면 좋겠다

인생무상 · 1

노란 황혼 빛의 들녘
생을 마감이나 하듯
하나 둘 빛을 잃어간다

나뭇가지 끝자락
붉게 타들어 가는 잎
혼을 다해 왔던 시간들이
이제는 허무를 맛보게 된다

어느덧 내 삶도
하얀 갈대 잎에서
남은 생을
잃어버린 시간을
정리하는 보람된 삶을 갖고 싶다

세월을 붙잡고 버틸 수만 있다면

인생무상 · 2

꽃의 향기로 넘쳐날 春은
온갖 생명체의 움직임이 생기 있고
사람 마음이 그리운 곳으로 향한다

햇살에 결실이 영글어 갈 夏는
구름은 산봉우리처럼 떠있고
사람은 발랄한 젊음을 되새김질한다

들과 산에 넘치는 풍요가 있는 秋면
단풍잎에 서리 내려 붉게 떨어지니
사람들은 허둥지둥 꿈을 접고 체념한다

쏟아지는 백설은 바람에 춤을 추고
낙엽이 밟히고 찢기는 冬에는
사람들은 인생의 無常을 느낀다

제2부

그땐 미안했습니다

똑딱 단추

살며시 다가와
손잡으며 행복을 주던
오직 한 사람 그대를
떠올림만으로도
나 부끄럽고 좋았는데

그대
나
똑딱 단추 같은 사이였는데

구슬픈 노래처럼
애만 끓이다가
눈 밑에 서려드는
잊지 못 할 그대가 되었습니다

양말 때문에

방 한 귀퉁이
마른 양말 바구니에
비슷한 색깔의 양말들

목 길이가
길고 짧은 것들
신어 보지 않으면
짝이 틀려도 잘 모르겠다

"여보~"
"양말 좀 짝을 맞춰서 개면 좋겠는데!"
"양말 벗을 때 뒤집어 놓지나 마세요"
볼멘소리가 귓전을 때린다

어머니의 품안처럼
발을 감싸주는 양말이 좋아
기러기 끼리 짝짓기 해주는
뚜쟁이 마누라의 손

심(心)봤다

사람들은
모두들 행복을 찾는다고
온 세상을 헤매고 있다

하지만 눈앞의 일만 갖고
살아 왔던 그들은 지쳐
다시 자기 자신에게로 되돌아온다

그리고
살아온 자화상 안에서
사랑하는 이와 살 냄새 풍겨가며

따뜻한 정이 꽃 피우고
주렁주렁 영글어 갈 수 있는
행복을 찾는다

백수의 휴일

휴일 아침
늦잠 자고 일어나니
어지러워진 방에 집안이 조용하다

버릇처럼 컴퓨터를 켠다
탁상용 달력을 보니 오늘은
동호인 늦둥이 아들 결혼식 있는 날

문득 혼주 모습이 떠오른다
예식장 하객석 자리 좀 채워 달라는
쑥스러운 당부의 말이

산책 다녀온 아내
"점심 먹고 당신 잠바 사러갑시다"
"……" 잠시 후
"그럼 컴퓨터하고 사시구료"

컴퓨터 앞에 앉아 있는

이 백수를 다시 쳐다본다
“여태 아침밥도 안 드시고” 라며 궁시렁궁시렁
축의금 갖고 문밖을 나선다

집에 밥 많이 있다

아들네집
오랫만에 분단장
해주는 날이다

한번 붓 자국은
얼룩무늬 되더니
두 번 칠한 붓놀림은
작품이 그럴 듯하다

신나는 며늘아기
"아버님 오늘 외식해요"
"집에 밥 많이 있다~"
볼멘 시어머니 대답이다

피곤한 몸 가시게 해준
며느리 환한 웃음 한 주머니
내일 여행길에 담아 갈거나

날씨 때문이라고

차창밖에
물든 가을을 보며
눈시울 적시면서도

나를 쳐다 보고
웃으면서
날씨 때문이라고

하지만 당신을
나는 알 수 있었지요

산중턱에
낙엽 덤불 같은
지난 삶의 추억 때문이란 걸

며느리의 손나팔

며칠 전부터
며느리의 점심 초대가 있는 날
운동도 할겸
마누라와 뒷동산 오솔길로
가을 냄새 맡으며 둘이 걷는다

국화꽃이
계절의 파수병 인양 피어 있고
짖어 대는 까치 울음소리는
"많이 드세요~" 하는
며느리의 손나팔처럼 들린다

고추 잡채 마파두부 참치전
발그레 홍조 띤
며느리의 고운 미소가
풍요로운 가을의 시처럼
그윽해 보이는 날이다

대중목욕탕

뿌연 안개 속에
전라(全裸)의 원시들이
문명의 허울을 벗겨낸다

살갗을 편 송이버섯과
독이 오른 고추가
헹구고 또 헹구는 절은 때

벗겨낼수록
한 겹씩 껍질을 거둬내는
문명의 허울

이 지대의 풍속엔
문명은 부재(不在)다

그땐 미안했습니다

실례 중에서도
바지 내려 꺼낼 때
꺼내 비워낼 때
시원하죠

헌데 공공장소가 아닌
담벼락이나
전신주에 실례 했을 땐
미안하죠

차면 비워야 하는 것이
생리이니
어쩌겠소

실례도 미안함도
다 생리 탓인 걸
너무 나무라지 마세요

성형

내 삶의 희망은
주어진 생 고진감래로 알고
살아 왔는데

거울에 비친 얼굴엔
온통 종기투성이고
반복되는 일상에는
욕망이 꽃처럼 피어난다

알량한 자존심에
마음 비우기를 수십 번
몸에서는
공염불의 냄새만 난다

시시로 열병처럼 찾아드는
남루한 마음을 싹둑싹둑
성형하고 싶은 게 나의 바램이다
저 말 없는 바위산처럼

그 누구보다도

꽃을 보면
그냥 아름답고
향기가 있다고 믿었지만

알 수 없는
그 향기에
취해 버릴 줄은 몰랐다

꽃같이 아름답고
향기로운 당신은
언제나 건강했으면 좋겠다

비바람에 씻기고
꽃잎 지면
그땐 내 계절도 아픔이기에

사랑의 비밀

날 저무는 길목에
보고픈 사람이
그리움으로 찾아온다

지는 해 따라 가서
온밤을 헤매다가
다음 날 아침 햇살에도
잊히지 않는 얼굴이 있다

잠깐 한눈파는 사이에도
내 안에 있는 그 사람은
언제나 다가와서 방긋이 웃고 있다

내 속에서
떠나보내지 못할 그 사람 앞에
나는 바람에 풀이 눕듯
편안히 기대어 본다

눈물 밥 사랑

유년 시절 친구들과
한나절이 넘도록 놀다보면
옷소매 찢기고 바짓가랑이 터지고

어머니한테
야단맞을 것 같아서
어둑어둑 해질녘에 살금살금
대문 열다 들키면

꾸지람 한참 듣고 나서
눈물 밥에
허기 달래 놓고
지쳐 이부자리 속으로 눕는다

아무 말 없이
밤늦도록 윗목에서
바느질로 사랑을 꿰매시던
울 어머니

새우

— 대하

뽀얗고
도톰한 몸이
보기 좋다 하니까

뭐가 그리 쑥스러운지
냄비 안에서
펄쩍 뛰며 고쳐 앉는다

당혹한 듯 눈을 감기에
엿살피니

곱디고운 엷은 분홍 속살이
여인을 닮았구나

얼마나 부끄러우면
잔뜩 꼬부리며
굽은 허리 더 굽힐까
대하야

납세자

외출 후
현관에 들어서면
까치가 물어오는
반가운 소식 있을까 싶어
궁금한 마음에 우편함을 본다

광고 전단지 틈에
이름 세 글자 박힌
색깔 있는 공과금 통지서가
삐죽이 고개를 내민다

반갑지 않은 소식에
힘이 빠진다
죽순처럼 치솟는 납부 금액
내 가슴에 망치질을 한다

술래 되었네

봄아!
어디쯤 오는지 알고 싶어
어제도 마중 나갔는데

봄아!
버들강아지처럼 살금살금 숨어 와도
소리로 알 수 있는데

봄아!
솔바람 타고 왔다는 소식에
숨어서 네 모습 보려고
귀 쭈뼛 세우고 기다리는데

봄아!
오늘 술래 되어
설렌 맘으로 찾으려 했는데
개나리가 먼저 와서
나, 또 술래 되었다

해장국

보신탕은
여름에 즐겨먹으니
하계(夏鷄)탕

삼계탕은
세 계절 탕이니
하추동(夏秋冬)이 제격

해장국은
속풀이에 제격이니
조석(朝夕)탕

이마 훔쳐
때 빼고 광내는 미용식이니
따로 화장이 필요 없는
남자들 기호식
해장국

때문에

그림자는 햇빛 때문에 생기고
골짜기는 언덕 때문이고

눈만 감으면 떠오르는
행복했던 만남들이
옛 추억 속으로 가는 한구석에
묻히기 때문에
괴로움이 붙어 다닌다

세월의 뒤안길에
쇠사슬 같이 연결되는
"때문에"를
탓하지 말아야겠다

모두가 다정한

예쁜 꽃 한 다발도
이 순간은 예쁘다지만
이 후로는 서서히 시든다

세월이 지나면
당신도 서서히
꽃다발 시들듯

세월이 흘러간다
덧없이 따라간다
혼백이 된다

죽어서 흙에 묻히면
옹기종기 모여
속삭일 사람이 없어지니

소근 소근
사랑주고
사랑하기로 해요

메아리 · 1

엇그제는
색깔 고운 꽃잎에 현혹되어
정신을 어지러뜨릴까
걱정 했는데

어느새
짱아의 쉼터가 된
석양 길은
황금빛으로 물든 들녘이다

낙엽 하나가
타임머신을 타고 떨어지니
왠지
단숨에 허한 마음이 다가온다

언젠가는 낙엽될 육신(肉身)
바삭바삭
밟히는 소리가
기진한 넋의 비가(悲歌)로 들린다

메아리 · 2

어딘가 몸이 개운치 않을 때
나이에 어울리지 않게
투정 아닌 투정을 하고 싶은 날

괜스레 전화기에 마음이 쓰이는데
텔레파시!
인터폰 벨소리!
택배가 왔다
이런 경우를 이심전심이라 하던가

아직 철부지로 생각한 아들의 선물
"거꾸로"란 기계다
자식 챙겨 주는 게 부모의 소임인데
거꾸로 챙기는 자식이 고맙기만 하다

벌써 챙김을 받는 나이가 되다니
스쳐간 세월이 무심타
투정 부리고 싶은 생각이 숨어버렸네

결혼사진을 보고

희망에 찬 꿈이 빠져나간
얼굴은
물 빠진 갯벌 같다

함께 있는 시간은
언제나 새털구름 같은
따뜻한 소망 뿐 이었는데

겹겹으로
찌들었던 구름장도
모두 눈으로 버리고

맑고 높은 하늘에
우리의
행복한 마음이나 키웁시다

건설 현장에서

산간오지라도
붉은 깃대 꽂히면
덤프차들이 헐떡이고
생(生), 그 뿌리를 말뚝으로 내린다

안전모 턱 끈을 졸라매고
한쪽 눈 지그시 감고
먹줄 튕기고
못 박기를 춤사위처럼 해댄다

세월을 허리춤에 졸라매고
몽땅 연필 귀에 꽂고
땀방울에
하루를 품어 안고 달린다

깎고 두들기고
연결하는 비지땀의 산고(産苦)는
시작과 끝이 어울려
번듯한 빈 궁(宮) 하나 나앉힌다

지각(知覺)의 모퉁이

창밖에
촉촉한 봄비가
밤사이에 찾아 왔다

파릇한 새 싹이
살며시 고개 들고
밖을 내다 본다

싱그러운
봄바람과 함께 설렘과
행복했던 날을 기억 해 본다

성숙한 삶의 관계는
기다림과
사랑
또 그리움이란 걸 알았다

음미하고 싶은

들녘에
풀향기처럼
은은한 당신의 향기는

씻어도
씻기지 않고
가슴 깊이 스며있는 향기이고

씹으면
아삭아삭 소리 들릴 것 같은
시원 달콤한 과일의 향기이다

때문에
그런 당신의 향기를 음미하고
또 사랑한다

장소

무당집엔
귀신이 모여 들고

향기가 있는 꽃에는
벌 나비가 몰려든다

용 가는데 구름가고
범 가는데 바람 간다지만

내 고향은 따뜻한
어머니 품안이다

한잔 술

괴로움을 느낄 때는
한 잔술에
잊어버릴 수 있다지만
외롭고 괴이할 때는
바닷물도 부족하고
그 느낌은 계속 머문다

잘만 삭히고 익힌다면
눈부신 꿈으로 펼 수 있다는
가슴 저린 행복도 있으련만

일찍이
한잔의 의미를 알았다면
정다웠던
그 눈길 그 목소리
쉬이 놓치지는 않았을 텐데

함께 있고픈 마음

일상 속에서
따뜻한 정이 가면
따스함을 느끼고

시가 있는 곳에서
시를 닮은 사람을 만나면
아름다운 인정(人情)이 벌어지겠지

부족함이 많지만
있는 그대로의 느낌을 받을 때
부끄럼에 얼굴 붉어지고

시가 있는 곳에서
시를 닮은 향기가 퍼지면
사람들은 평화로움이 있겠지

기도하는 여인

한 해의
매듭 달의 끝날
해거름에 옷자락 여미며
벼룻길에 서있는 여인

헤쳐진 머리
빗어 보듬을 사이 없이
해넘이 보고
기도하는 그 속마음 뉘 알까?

섣달그믐
기도하는 여인에게
신의 은총이 있기를

흙의 마술

귀 떨어진 작은 밭에
비료와 퇴비 뿌리고
밭고랑 만들고 며칠 뒤에

작은 씨 뿌리고
감자 그리고 생강 종자
심어 놓았지

흙을 조금
잘 자라게
조그만 비닐구멍을 내고 토닥토닥

마음속으로
잘 자라라
기원하면 그만인가?

세월이 조금 가는 동안
비는 가끔씩 햇살은 자주자주
그러면
쑥쑥 자라서 내 마음 알아주겠지

짓궂은 사랑

심심상인(心心相印)으로
둘이서 만나는 밀월
짓는 한숨은 왜서 일까

수줍어하며 만나고
머뭇거리며 헤어지고
또 다시 한숨짓게 되니
행복과 슬픔이 둘이 아니구나

쓰고 달콤한 사랑
머리는 용감하나 가슴은 수줍어하는
심심상인의 배리(背理)

용감스런 것은 행복함이며
망설임은 괴로움이란
짓궂은 사랑의 등식

폭포수

우렁찬 공명관(共鳴管)을 치고
몸을 던지는 폭포수가
아름답다 하지만

천둥이 우는 소리만큼은
억겁 년
말없이 절규하는 혼의 소리다

종말을 향해
단숨에 일획을 긋는 시퍼런
날이 서 있어 너무 뜨겁다

내가 비류직하(飛流直下)로
떨어지는 폭포수라면
꽃 같은 무지개로 솟아
자유로운 영혼이 되리라

밀물처럼

세상은
만남과 헤어짐이
늘 숨 가쁘게 흐르지만

기쁨과 슬픔이
바쁘게
추억의 그리움 남긴다

그래도
끊어지고 이어지는
엉겁의 인연들이

희망으로
내 달려
온 사위로 뻗어 나간다

그 시절 그 향기

누군가
보고 싶을 때
먼저 다가오는 건
내 생각에 부딪치며
추억에 떠밀리어 간다

기쁨이든
반가움이든
외로운 여정이며
추억은 다정한 색깔로
속삭이며 위로를 해준다

그 시절 그 향기는
내 영혼에 획을 그으며
멀어져가는 한 조각구름같이
그리움으로 허공에 멀어져간다

고갯길

저녁노을 끝자락에
어둠이 서서히 무리를 이루어
앞산 고갯길을 넘어 올 때

불쑥,

고갯길에는 누군가
넘어오고 넘어가고
또 다른 낭인이 누군가를
기다리고 있는 것 같다

육지를 그리워하는 밀물처럼
바위가 햇볕에 녹아 쓰러질 때까지
고갯길은 늘 기다리고
손 흔들어 주는 목마름이 있다

고갯길 너머엔
기찻길이 있고 고속도로가 있어

누군가의 꿈은
눈부신 빛으로 쌓여
태양을 증발시키는 희망이 있다

어둠이 온 고갯길에
누군가를 기다리던 낭인은
그리움 토해내며
하늘 위로 사라진 기러기처럼
산 그림자 속에 잠겨 사라진다

산다는 게

해 맑은 웃음 안고
꿈 많던
젊은 시절 보내고 나니

겹겹이 찌들던 삶
끈적끈적하던 인정
이젠 그 냄새가 그립다

화강암으로
조각해 놓은 핏빛 없는
얼굴

안쓰럽게도
자전거를 탄 눈동자는
바깥 세상만 그리워하고

절묘한
새우를 닮아가는 잔등이

까칠까칠 메마른 손발

삶은
어느 방향으로 가는지
내 인생의 끝자락을 보니

찌든 이세상이 너무 추하여
딱 !
한 시절만 되돌아가고 싶다

마음과 나이테

오월, 꽃 물든 산
짙어만 가는 신록에
잉크 번지듯 마음을 빼앗긴다

평생을 한 자리서
자연에 맞서 사는 나무들
저들이 인간을 깨우치고 있다

잠이 덜 깬 자작나무
눈 비비며 하품을 하는데
그때 그 향기가 남아 있는 것 같다

그리움도 슬픔도
들려오는 봄노래 한가락에
나이테 그려가며 날려 보낸다

편지를 써본다

깊은 밤
잠에서 깨어 밖을 보니
빗줄기가 창문을 타고 내린다

괜히 서글퍼지는 긴긴밤
내리는 빗물에
내 마음에 얼룩진 것들
함께 씻어 보내라하는 것 같다

사람은 헌 사람이 좋고
옷은 새 옷이 좋다하는데
부칠 곳이 없는 옛 친구에게
딱 한 줄만 써본다

"여보게 친구 건강은 좋은가"
보고 싶은
친구는 영생할 테니까

특별한 인연

사람은 많아도 기대 볼 사람 없고
세상사 내 맘 같은 안성맞춤 없었으나

살아오는 동안 찾아든 인연 앞에
비운 듯 맑아지려고 날마다 고심한다

이제는 마음밭에 습관처럼 인이 붙어
그 무엇 하나 탓할 일도 아니려니

내 삶의 궤도를 바꿔놓은 특별한 인연
내겐 잊히지 않는 소담(昭淡)선생이 있다

제3부

꽃잎 속의 얼굴

풋잠 자는 봄

긴긴 밤
이불 덮고 자는데
따스한 햇살이 이불 걷어 차버리며

길 잃은 봄 하나가
허공을 맴돈다고 잠을 깨운다

봄잠이라
날 새는 줄 모르고
조금만 더 자려고 투정 부릴 때

널뛰기 하는 날씨에
먼 길 달려온 망춘이 졸고 있다

* 망춘(望春):개나리.

목련꽃

봉긋한 가슴
드러내는 속내 알기야 한다마는
아직은
옷섶 여며 들락거리는 바람
경계 할 일이다

겨울옷 벗기엔 아직 이르다고
눈짓
귀띔으로 건넸지만
보란 듯 열어젖힌 앞가슴

달 그늘 틈타 훌랑 벗고 드러낸 요염
순진 속에 속기(俗氣) 감추었던 것을
내 진즉 몰랐었구나

봄 보다 먼저
와르르 와르르 무너져 내린
육신의 상처
미련의 밤을 밝히고 아픔 함께 나눈다

춘곤증

온 세상을
하얗게 덮었던 눈이
아직 산봉우리에 남아서
반짝이고 있지만

스치는 바람은
차가운 듯하면서도
부드럽게 느껴지는걸 보면
봄이 가까이 있나 보다

겨울 내내
시리도록 얼었던 몸과 마음은
따사로운 햇살에
힘없이 녹아내리고

눈꺼풀은 천근이고
사지가 맥없이 풀리는걸 보면
봄이 어느새
발밑 아래 와 있나보다

꽃잎 속의 얼굴

일상의
굴레를 벗고
봄 햇살 받으며
뒷동산 산책 가는 길에

쫑긋쫑긋
새싹이 움트기도 하고
먼저 피어난 꽃은
색깔이 선명하기도 하다

그 꽃이 하나 둘
잎사귀에 묻혀버리면
잊히지 않는 사람
꽃잎 속에 묻힐까 두렵다

아파트 뒤뜰 장미

외로운 장미꽃 하나
늦게 꽃 피운다고
시선이 떠나간 아파트 뒤뜰 한구석

살아 있음을 알리고
머뭇머뭇 어색한 인사에
얼굴빛이 더욱 붉어진다

꽃잎 지고나면
매미 소리 떠나기 전에 먼저
가을을 준비해야 하는 뒤뜰 장미

유월의 햇살은
뒤뜰을 보지 못하고 꽃 핀 장미에게
여름으로 넘어 가라 재촉한다

연꽃

아침 이슬 머금고
푸른 반석위에
함초롬히 불 밝히는데
그대 뉘 기다리시는가

장마 틈 사이에
여우별 햇살에 습한 날
더울세라
우산 들고 살며시 내민 얼굴

번뇌(煩惱)
번민(煩悶)
꽃잎 속에 가득 채워 넣고
등불 켜들고 씻으러 왔는가

시린 물속 진흙 밟고 선
너의 얼굴
이슬로 단장한 홍조(紅潮)가
고귀함이 빛나도다

달빛 소리

밝은 달이 떠 있는
깊은 밤
단잠을 빼앗는 경적소리

두벌잠이 쉽지 않아
창문을 열어보니
저편 나뭇잎 사이에서
달빛 하나
나풀나풀 춤추며 노래하고 있다

한 줄기 달빛의
노래 소리 듣고 있노라니
사뿐사뿐 춤추며
바로 내 사랑 그대가 오고 있다

오월의 기운

햇살 좋은 날
창가에 앉아
연록이 곱게 출렁이는
오월의 길목을 봅니다

푸른 하늘은 초록 불러내고
장미꽃 심장소리는
잠자던 내 가슴에
소중한 인연들 데려옵니다

이른 봄꽃 향기 멀어져가고
마음도 푸르른 오월
싱그러운 수채화를 그립니다

하늘의 눈물

— 폭우

정말입니다 사실입니다
당신은
언제나 해맑아서
남보다 건강한줄 알았는데

많고 많은 아픔 또
괴로움도 미처 헤아리지 못한
저희가
밉고 야속 하셨나요?

그래서
그렇게 진노하시며
참을 수 없으셔서 펑펑 우셨나요
정말로 죄송합니다

당신의
아픔과 괴로움을
헤아리지 못한 죄책감에
저희도
피눈물을 쏟아내고 있습니다

해바라기

서로 마주 보며
마디가 굵어진 해바라기
그리워하다

머리에 쓴 화관의 무게에
절로 굽어 숙인 머리로
맞절이라도 하듯
갖춘 예가 꽃보다 곱다

노을녘
서산으로 하루해 기울면
하루치의 이별 연습으로
그리움의 등 이마에 걸고
기다림이 되는 해바라기

호박꽃 입술

응접실에서
며느리 음식 준비에 바쁜
주위를 두 아들이 맴돌고 있다

"꽃밭을 윙윙거리며 유희하는 벌처럼 보인다"

곁에서 웃으며
내 뱉는 마누라의 말
"여기도 호박꽃 하나 있어요"

갑자기 벌이 된 나는
웃고 있는 큼직한 꽃술에
독침 대신 살짝 입맞춤 해준다

구름 · 1

구름은
변덕쟁이
내 친구를 닮았네

소리 없이
이슬비로 다가와
메마른 가슴 적셔주다가도

잔뜩 찌푸린
얼굴로 찾아와
가슴 서늘한 소낙비로 닦달하고

두둥실,
언제 그랬냐는 듯
하늘에 꽃구름 곱게 피워내는 너는

야누스의 두 얼굴인가봐

구름 · 2

하늘에 살고 있는
연기자와 소리꾼
둘이는 요술쟁이다

연기자 구름아 !
소리꾼 바람아 !
요술 하나 보여 주렴

귀여운 손녀들
노래하는 예쁜 모습 그려다오
초원에 누워서 기다리련다

가을밤

파랗게 날이 선 달빛
시린 칼끝으로
가슴에 와 박힌다

피 한 방울 흘리지 않아도
아픔의 빛깔은
낙엽이 된다

조락(凋落)의 슬픔이라도
아는 것 일까
울다 지친 귀또리 목이 탄다

타는 목의 갈증
가을밤엔
따뜻한 커피향이 그리워진다

눈 오는 날·1

눈 오는 날
누군가를 만나고 싶은 날

불꽃같은 열정으로
사람을 만나는 게 아니다

소설 속의 주인공처럼
마음이 먼저 가서 만나고 있다

만남으로 인한 행복과
아픔의 추억을 또 만든다 해도

눈 오는 날·2

눈으로 눈을 맞으니
오시는 님일까

눈으로 반기고
가슴으로 젖으니
사랑 일까

님과 사랑을 잇는
중매쟁이

눈이 반가운 것은
이 때문이다

■ 시집 평설

자아발견 · 아내사랑, 형상으로 잘 빚어

박 진 환 (시인 · 문학평론가)

자아발견 · 아내사랑, 형상으로 잘 빚어

박 진 환 (시인 · 문학평론가)

1. 전제

시인이 말하고자 하는 것은 인간에 대한 것이다. 인간의 고통 · 상심 · 동경 다시 말하면 마음속으로부터 자기 자신을 이야기 하는 것이다 라고 말한 것은 林語堂이다.

시인들의 대부분은 이 말에 동의하거나 이 말을 신뢰하며 자기 자신의 이야기에 충실하고자 한다. 시로써 시인 자신을 실현하고자 하는 시 자체가 곧 시인 자신이기 때문이다.

시를 시인의 분신이라고 하는 것은 고전적이다. 현대적 표현으로 말한다면 시는 곧 시인 자신이기 때문이다. 시인에게 시를 버리고 살 수 있느냐고 묻는다면 그럴 수 없다고 답할 것이다. 그것은 시의 포기는 곧 시인의 자신의 포기가 되기 때문이다.

흔히 하는 말로 시인은 시로써 말한다고 한다. 시가 곧 시인의 언어라는 뜻인데 이는 달리 시가 시인 자신의 모든 것을 표현하는 자신의 진술이라는 것을 의미한다. 모두에 제시한 임어당의 말과 맥락을 같이 하는 부분이다.

자기 자신의 이야기를 마음속으로부터 토로 한다는 것은 시로써 시인 자신의 생을 이야기한다는 뜻으로서, 그 때문에 이야기 속에는 삶의 고통이나 상심은 물론 이로부터 구원이고자 하는 동경까지를 염원하지 않을 수 없게 된다. 곧 삶과 삶을 넘어서는 또 다른 세계 지향을 의미하는데 이는 시가 단순한 고통이나 상심의 이야기가 아니라 이를 지양, 새로운 세계에의 진입을 위해 돌진하는 또 다른 생에의 지향 의지를 수반하다는 뜻과는 통한다.

일찍이 헤겔은 사람은 자기 자신을 의탁할 세계를 지니고 있어야 한다. 자기의 마음속에 그리고 있는 자기의 세계에 충실했느냐, 못했느냐가 늘 문제다라고 피력한 적이 있다. 이 피력에서 자기의 세계는 곧 정신적 지향인 동경을 의미한다. 그리고 동경은 새로운 삶에의 돌진은 의미하게 된다.

이 말을 역으로 풀이하면 동경의 세계를 지니지 못했거나 동경의 세계를 상실했을 때는 시로써 실현할 세계를 지니지 못했거나 상실함으로써 삶의 목적을 상실하거나 포기하게 된다는 말과 맥락을 같이 한다.

해석이야 어찌됐건 이 지적에서 '사람'을 시인으로 달리 표현해보면 다음 이어지는 말을 통해 시인의 몫을 읽을 수 있게 된다. "나비는 나비의 세계가 있고, 까마귀에게는 까마귀의 세계가 있듯이 사람도 각자 자기가 믿는 정신의 기둥이 될 세계를 가지고 있지 않으면 안된다"가 그것으로서 '사람'을 '시인'으로 대체했을 때 시인의 정신세계와도 직결되기 때문이다.

'자기가 믿는 정신의 기둥이 될 세계'는 매우 의미심장하다. 이 말을 시인의 경우에 대입시키면 동경의 세계가 될 수 있고, 새로운 삶을 지향하는 정신 지향일 수도 있게 된다. 20C의 지성을 대표했던 프랑스의 비평가 R. M 알베르스의 명언이 떠올려 진다. "시인은 믿어야 한다. 새로운 미지의 세계가 있다는 것을, 그리고 새로운 세계를 믿는 시인은 신앙인이어야 한다는 요지의 말이다. 미지의 세계를 믿는 시인은 곧 새로운 세계를 지향하는 신앙을 의미한다.

이를 역으로 풀이해볼 필요가 있다고 본다. '자기 자신을 의뢰할 자기의 세계는 자신 밖의 세계가 아니라 충분히 자기의 마음속에 그리고 있는 자기 세계'와도 등가성을 갖기 때문이다.

이러한 전제는 진수용 시인이 상재한 첫 시집 『잠자는 아내 곁에서』를 조명하는데 여러 가지 의미로 원용될 수 있다고 여겨져 몇 분의 피력을 바탕으로 깔고 싶어서였음을 밝혀 둔다.

진수용 시인의 처녀 시집 『잠자는 아내 곁에서』에서 발견할 수 있는 것은 시인이 이 시집으로써 '자신의 마음속에 그리고 있는 자기 세계'에의 충실을 실현하고 싶어한다는 점이다. 달리 말하면 시인이 말하고자 하는 것은 자기 자신의 이야기로서 자신의 이야기를 시로써 말하고자 하고 있다는 점이다.

시로써 말하고자 한 자신의 이야기는 시를 제시했을 때 극명해질 것으로 보고 시인은 이를 어떻게 시로써 진술해 주고 있는 가도 밝혀질 것으로 본다.

2. 自我 회귀를 통한 생과 사랑의 발견

시집 『잠자는 아내 곁에서』를 관류하고 있는 시의 흐름은 두 경로로 제시될 수 있다고 본다. 그 하나는 自我 회귀를 통한 생의 발견이고, 다른 하나는 아내를 통한 사랑의 발견이다. 이 발견에서 떠올려 지는 것이 '인간은 모두 발견의 도장에 있는 항해자인 것'이라고 피력한 에디슨의 말이다.

이 말은 항해를 통해 신대륙을 발견했다는 것은 에디슨의

과학적 발명과도 다른 자기 자신의 발견, 자신의 발견을 통한 사랑의 발견이라는 진수용 시인의 발견을 이야기하기 위해 원용하고 싶다. 그것은 진수용 시인의 시가 '자신의 내면에 그리고 있는 자기 세계의 발견'과 다르지 않기 때문이다.

2-1 自我 회귀를 통한 생의 발견

먼저 시부터 제시해 본다.

가면 갈수록
태산이라더니
오르면 오를수록 가파르다

힘겨운 무게 덜어내는
흩어져 쌓이는 꿈 조각들
켜켜이 쌓이면 탑이 될까
탑이 되어 소망 하나 이루어 줄까

이제 욕망의 사다리 접어
비켜 세우고
길벗 동행으로 황혼길 걷고 싶다

황혼길 걸으며
누렇게 익어가는 내게로 가고 싶다

영근 열매들 따보고 싶다

시 「내게로 가는 길」의 전문이다. 일종의 자아 발견이라고나 할까, 자아에게로의 회귀라고나 할까, 시행 '누렇게 익어가는 내게로 가고 싶다'에서 읽을 수 있듯이 원숙기에 접어든 화자의 자아발견 내지는 자각과 함께 자신에게로 돌아가는 자아 회귀를 읽을 수 있게 한다.

자아발견 · 자각 · 자기에게로의 회귀는 무엇을 의미하는 것일까. 자아를 상실하고 살았던 뒤늦은 자각으로서의 자기 발견일 수도 있다. 그러나 이러한 발견을 통한 회귀의 배경에는 자기 사랑이라는 자애가 작용하고 있다는 간과할 수 없는 사실이 있다. 그리고 이러한 배경의 또 다른 배후에는 몽떼뉴가 지적했던 것처럼 어떻게 하면 완전히 스스로가 자신의 주인이 되느냐 하는 자신을 자신이 지키고자 하는 주체적 자각이 자리하고 있음도 간과할 수 없는 점이다.

지금
내 청춘의 초상(肖像)이
나를 보고 질문을 한다
살아온 과거는 어떠했냐고

무엇을 하였고

무엇을 이뤘으며
어떻게 살아 왔느냐고

잠시 뒤돌아보니
가슴서린 사연과 번민뿐이고
다시 걷고 싶지 않은 길도 있다

그러나
그 길을 성실히 걸었고
값진 것도 실패도 과오도 많았다
허지만 후회하지 않는다

시 「자화상」 은 이를 잘 말해주고 있다.

예시 끝행 '후회하지 않는다'는 것은 자신에게 충실했던 자만이 자신을 발견할 수 있고, 자각할 수 있으며 자신에게 회귀할 수 있다는 것을 단적으로 말해준 것이 된다. 후회없이 살아온 삶, 이는 스스로에게 충실했음을 의미하고 자신에의 충실만이 자신을 발견하고, 발견한 자신에게로 돌아갈 수 있는 통로를 제공해 주게 된다. 시행 '그 길을 성실히 걸었고'가 말해주듯이 '성실'과 '충실'은 같은 맥락의 등가성의 것이다.

뒤돌아보는 삶에 어찌 '가슴 서린 사연' '번민', '실패', '과오'가 없었겠는가. 이러한 되돌아보고 싶지도, 되 걷기도

싫은 삶을 후회 없이 살아온 자기 자신에의 성실이 곧 자신을 발견하게 하는 자각으로 작용했고, 이 자각의 통로를 빌어 자신에게 회귀할 수 있었던 계기를 마련해 주고 있는 자아 발견과 자아 회귀의 배경을 예시는 잘 말해주고 있다.

자아로 돌아온 화자는 비로소 또 다른 생의 의미로 자신을 말하고자 한다. 「인생무상 · 1」은 이를 시로써 말해주고 있다.

노란 황혼 빛의 들녘
생을 마감이나 하듯
하나 둘 빛을 잃어간다

나뭇가지 끝자락
붉게 타들어 가는 잎
혼을 다해 왔던 시간들이
이제는 허무를 맛보게 된다

어느덧 내 삶도
하얀 갈대 잎에서
남은 생을
잃어버린 시간을
정리하는 보람된 삶을 갖고 싶다

세월을 붙잡고 버틸 수만 있다면

시어 '노란 황혼 빛의 들녘', '생을 마감이나 하듯', '빛을 잃어간다', '허무를 맛보게 된다', '남은 생을','잃어버린 시간을', '보람된 삶을 갖고 싶다' 등에서 읽을 수 있게 하는 斜陽 의식이 환기시키는 노경이랄까, 인생 황혼이랄까, 생의 허무랄까, 무상이랄까를 읽게 해주고 있는데 이는 화자 자신의 생과 무관하지 않고 본다. 그러면서 생의 덧없음과 덧없음으로부터 구원이고자하는 예시 끝행 '세월을 붙잡고 버틸 수만 있다면'에서 읽을 수 있는 생을 되돌리고 싶어하는 황혼 앞에 선 시인의 허무의식을 읽게 해주고 있는데 자연의 진실 앞에 겸허할 수밖에 없는 인간의 한계를 시인이라고 넘어설 수 있겠는가.

밭머리에 걸터앉아
하루의 길이를 재어본다

적셔진 밭이랑에
가을에 거둬들일 씨 뿌리는
등 굽은 한 노인을 바라본다

노인의 그림자가
한골 한골 밭이랑을 덮어가는
황혼녘

노인이 뿌려 거둘
가을의 부피는 얼마나 되고

노인이 가꾼 하루치의 행복은
얼마나 될까

드디어 시인은 「인생 거울」 앞에 자신을 세워본다. 거울에 비친 화자는 '노인'이란 또 다른 인물로 대리 대상화한다. 곧 화자의 대리 대상인 '노인'을 통해 스스로의 생을 읽고자 한다는 뜻이다.

밭이랑에 가을의 수확을 예비하며 씨를 뿌리고 있는 노인을 바라보는 화자는 곧 자신이 노인이고, 노인은 곧 화자다. 이런 등식은 노인의 노동을 통해 시인 자신의 노동과 노동의 댓가를 추론하는 잣대가 되어 주게 된다.

밭이랑에 어둠의 그림자를 드리우는 황혼녘과 시인 자신의 인생 황혼을 오버랩시켜 환기시키는 斜陽 의식을 통한 생 읽기가 곧 예시로서 시인의 시적 경작을 읽게 해줌으로써 시인으로 살아가는 행복을 제시해주고 있다.

곧 시는 자기 자신의 이야기라는 점과 내면의 자기 세계에의 충실, 그리고 시로써 꿈꾸고 실현하고자 하는, 그보다는 생을 실현해가는 시인의 동경을 읽게 해준다는 점에서 자아 발견이나 발견을 통한 자아 회귀는 스스로를 상실하고 살아

가는 현대인들의 비극적 생에 위안이 되어 줄 것으로 본다.

시집을 관류하고 있는 두 번째 흐름이 아내를 통한 사랑의 발견이다.

2-2 아내를 통한 사랑의 발견

밥상을 눈 위로 받들어 옮긴다는 뜻으로 아내가 남편을 지극히 존경한다는 말로 쓰였던 擧案齊眉란 後漢書逸民傳에 나오는 말이 있다. 동양적 도덕 덕목으로서의 婦德을 이름이었으리라. 요즘의 여성상위시대 개념에서 보면 순 구식이다. 신식으론 그 반대 개념을 성립시키기 때문이다.

진수용 시인의 시에 의하면 팔만대장경에 나오는 '아내는 영원한 남편의 누님이다', '자기 아내는 회상의 벗이다' 라는 말을 떠올리게 한다. 선량한 아내는 선량한 남편을 만든다더니 선량한 아내 덕인지, 선량한 남편됨이었는지는 차지하고라도 아내에 대한 헌시라 해도 좋을 만큼 조강지처에 대한 지극한 사랑을 주제로 한 시편들이 관류를 이루고 있다. 시를 제시했을 때 이해를 도울 것으로 본다.

> 한평생
> 세월 앞에 희망을 갖고
> 허리띠 질끈 졸라맸던

마늘각시였던 당신
어느새 머리엔 늦서리 얹혀 있고
곱던 손도 거북등 되었구려

마뜩찮다 하면서도
팔자려니 하고 입술 꽉 깨물고
기도하던 속마음 어찌 모르리까

애오라지
분신들 둥지 엮어 주었으니
남은 인생 즐겁게 살아갑시다

예시는 「희망은 금빛 날개」의 전문이거니와 노경의 부부애를 통해 '자기 아내는 회상의 벗'이라는 경구를 떠올리게 한다. 자식들을 결혼시켜 분가시킨 수 호젓이 남은 두 부부의 행복한 삶을 약속하는 시 속에서 아내를 '마늘각시'라는 새댁적 회상으로 떠올리고 있다. 그러던 지금의 아내는 '머리엔 늦서리 얹혀 있고', '손도 거북등'이 되어버린 노경의 주름 많은 현존의 아내로 다가선다,

그런 아내의 '마뜩찮다 하면서도', '팔자려니', '기도하던 속마음'까지 읽을 줄 아는 남편의 시력은 분명 아내의 내면계까지를 투시할 줄 아는 사랑의 시력을 지녔기 때문으로 보여진다. 사랑에 의해서만 뜨일 수 있는 개안없이 어찌 아내

의 속마음까지를 훤히 꿰뚫어 볼 수 있겠는가. 이러한 지극한 사랑만이 노래 할 수 있는 시가 다름 아닌 「마음은 한 개」이다.

당신을 보면
모든 잡념 사라지고
가슴 가득한 행복을 느낍니다

엄마 품 그리워하다
지친 아이처럼

당신을 바라보면
새봄의 희망이 솟듯
사라진 미소가 돌아옵니다

느껴 오는 감정은
수천수만이지만
마음은 오직 하나
당신에게 등 기대고 싶은……

바라만 보아도 잡념이 사라지고 가슴 가득 행복을 느끼게 해주는 아내, 엄마품 그리워하다 지친 아이처럼 바라만 보아도 새봄 희망이 솟듯 사라진 미소가 돌아오는 아내 그러면서 오직, 한마음으로 사랑해온 지극한 아내 사랑은 분명 헌시가 아닐 수 없다. 특히 엄마를 그리워하다 지친 아내가 사라진 미소를 회복하듯 따듯함을 느끼게 하는 아내는 필경 '회상의 벗'이자 '아내는 영원한 누님'이라는 팔만대장경의 경구가 허사가 아님을 말해주고 있어 시사하는 바가 많다고 할 수 있다.

이러한 부부애는 다시 가족애로 확대되고 있음을 보여주기도 한다.

며칠 전부터
며느리의 점심 초대가 있는 날
운동도 할겸
마누라와 뒷동산 오솔길로
가을 냄새 맡으며 둘이 걷는다

국화꽃이
계절의 파수병 인양 피어 있고
짖어 대는 까치 울음소리는
"많이 드세요~" 하는
며느리의 손나팔처럼 들린다

고추 잡채 마파두부 참치전
발그레 홍조 띤
며느리의 고운 미소가
풍요로운 가을의 시처럼

그윽해 보이는 날이다

시 「며느리의 손나팔」에서 읽을 수 있는 며느리에 대한 시부의 사랑이 그것이다. 며느리의 점심 초대를 받고 고추 잡채, 마파두부, 참치전으로 즐긴 점심의 만복감과 함께 며늘아기의 사랑을 함께 느껴보는 시아버지의 따뜻한 정이 배어나오고 있다. 특히 시인인 시아버지는 어린 정을 '발그레 홍조 띤/며느리의 고운 미소가/풍요로운 가을의 시처럼/그윽해 보이는 날'이라고 시로써 점심초대에 화답하는 시아버지의 시인으로서의 풍모를 통해 자애로운 시인의 마음을 읽게 해주고 있다.

예시 외에도 「심봤다」, 「짓궂은 사랑」, 「사랑의 지병」, 「행복한 자리」, 「똑딱 단추」, 「집에 밥 많이 있다」 등의 시편들은 시인의 아내 사랑, 자식들 사랑까지를 폭 넓게 읽게 해주고 있으나 일일이 언급할 수 없음은 유감스럽게 여기면서 시집 제목이 기도한 시 「잠자는 아내 곁에서」를 제시, 부연의 번거로움을 접고 마무리를 대신 하고자 한다.

3. 결어

푸르른 꿈

해맑은 웃음 안고
사색하던 시절 다 보내고
지쳐 눈붙인 당신을 봅니다

눈가에
지울 수 없는 주름살
굽은 허리 안쓰러워
눈물을 훔칩니다

겹겹으로
찌들고 힘들었던 날
이제는
뒤돌아 봐도 될 때가 되었습니다

한 백년 살자고
꽃구름 되어 본들
여보! 미안해요

진수용(陳壽鏞)시인
경기도 연천군 백학면 출생. 국무총리 표창장 수상(제29099호). 서울 산업대학원 2기 최고전문가과정 수료, 월간『조선문학』시부문 등단. 조선시문학회 회원, 21C시학아카데미 회원, 동작문인협회 회원. 서울 동작구대방동506 현대2차 202동 1202호.E-mail: jinsy43@hanmail.net
전화:010-5257-9945

조선문학시인선 · 300

잠자는 아내의 곁에서

2011년 9월 10일 인쇄
2011년 9월 20일 발행

지은이 / 진수용
발행인 / 박진환
펴낸곳 / 조선문학사
등록번호 / 1-2733
주소 / 110-092 서울 서대문구 홍제2동 96-4
대표전화 / 730-2255
팩스 / 723-9373

ISBN 89-93614-68-8

정가 8,000원